This Book Belongs To :

I I I

I I

I I I

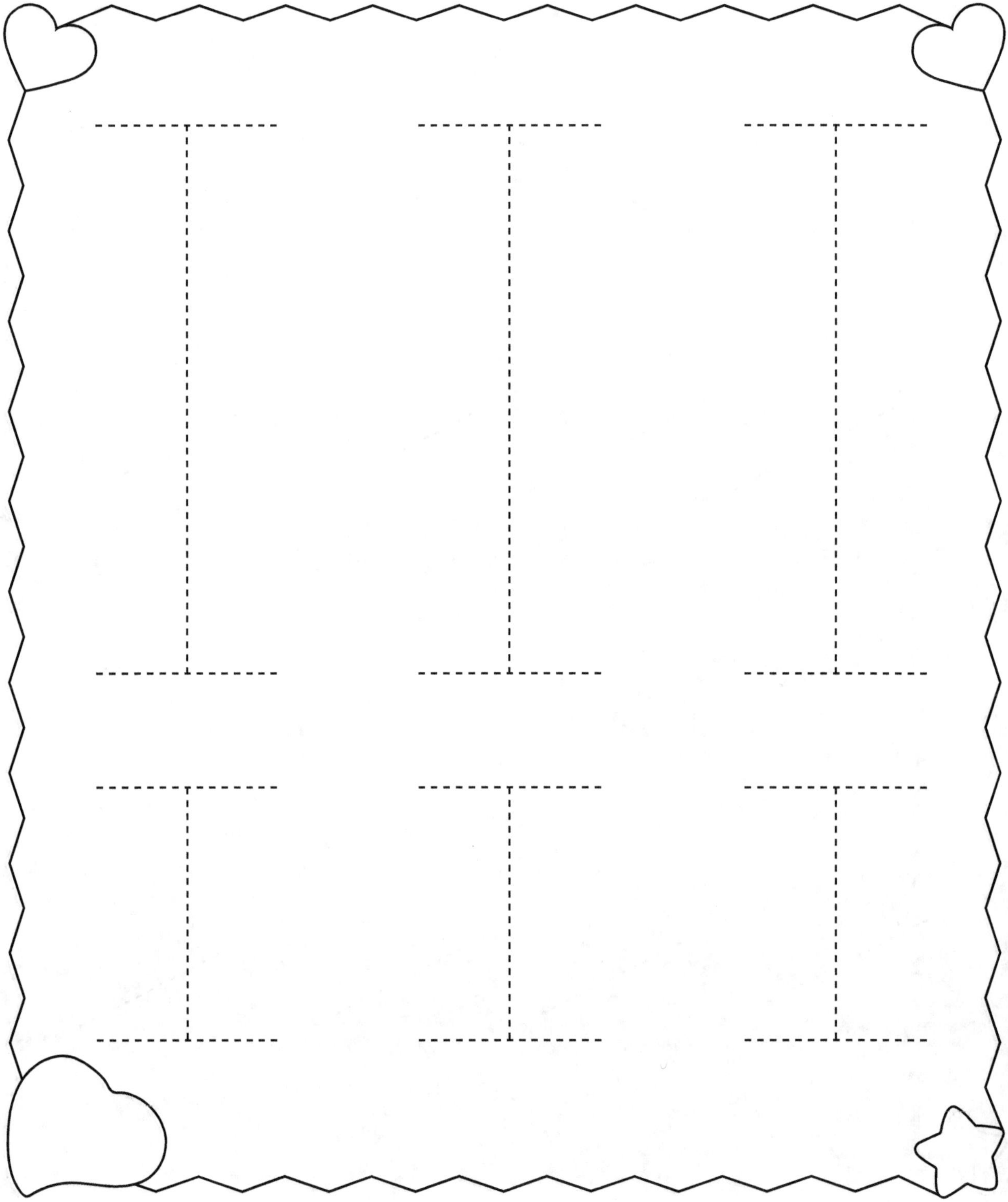

A A A

A A A

A A A

a a a
a a a
a a a

B B B

B B B

B B B

b b b

b b b

b b b

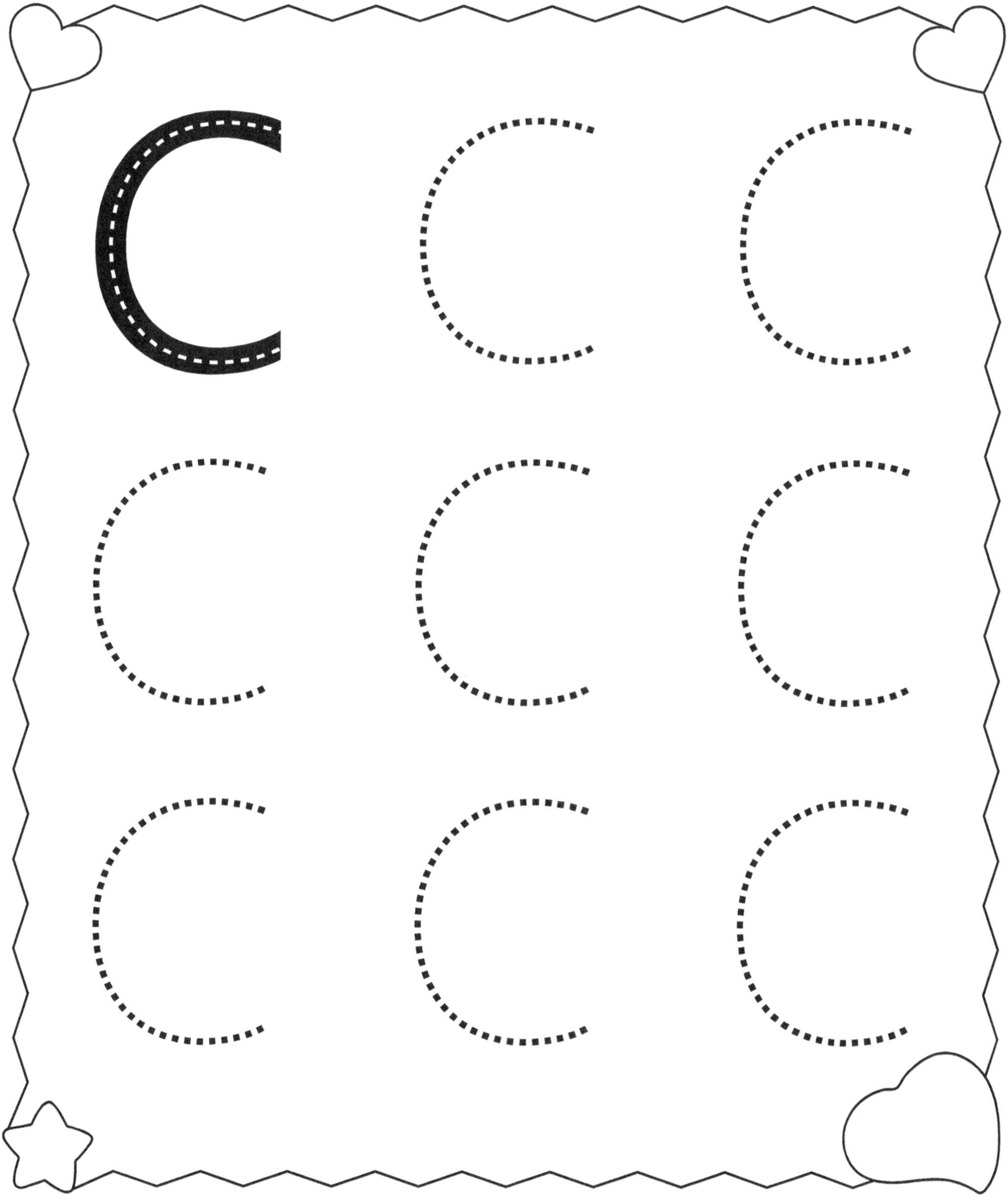
C

C C C

C C C

C C C

D D D

D D D

D D D

d

d d

d d d

d d d

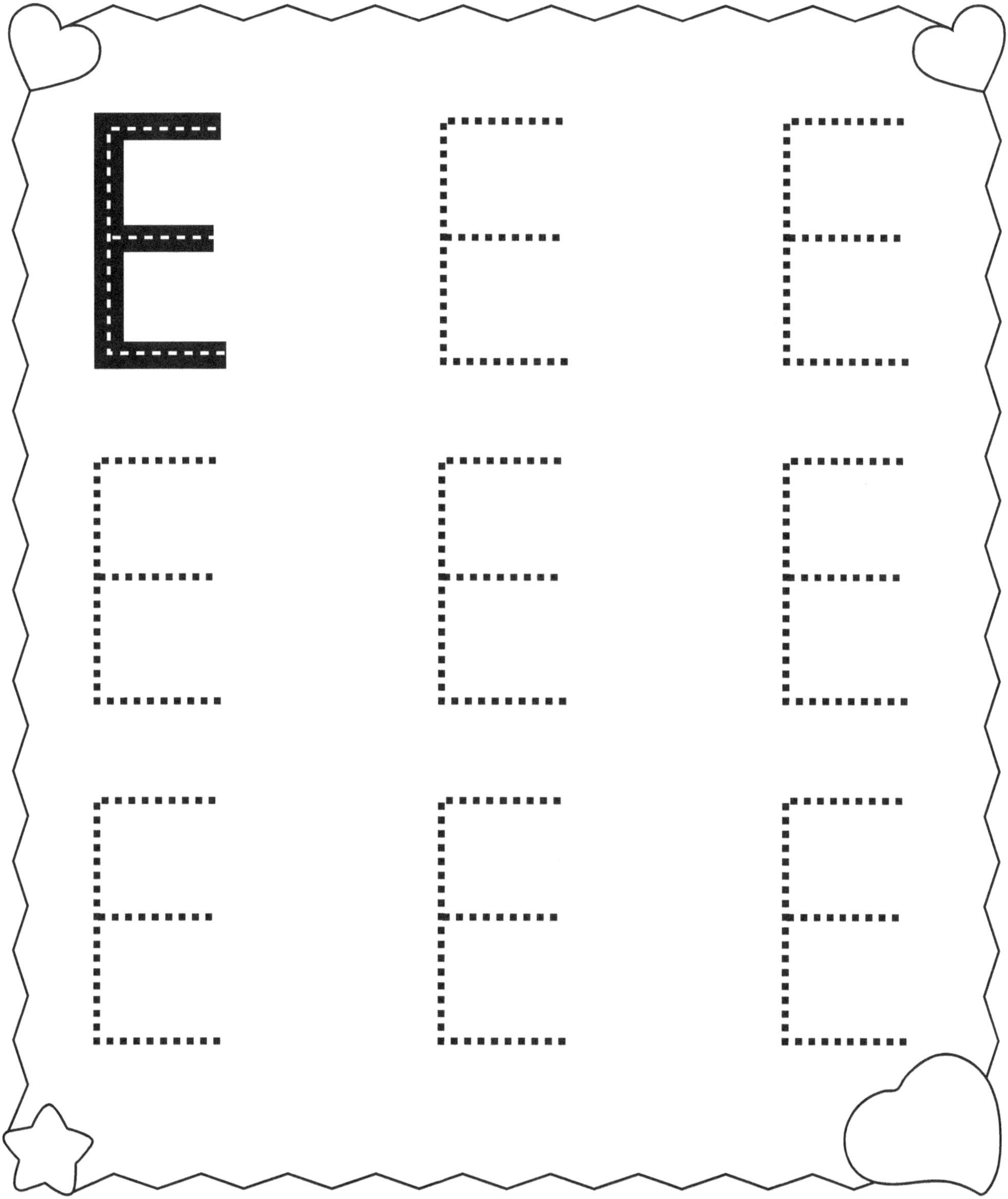
E

e e e

e e e

e e e

F F F

F F F

F F F

f f f

f f f

f f f

G G G

G G G

G G G

g g g

g g g

g g g

H

h h h

h h h

h h h

I I I

I I I

I I I

i

J

j j j

j j j

j j j

K K K

K K K

K K K

k k k

k k k

k k k

L L L

L L L

L L L

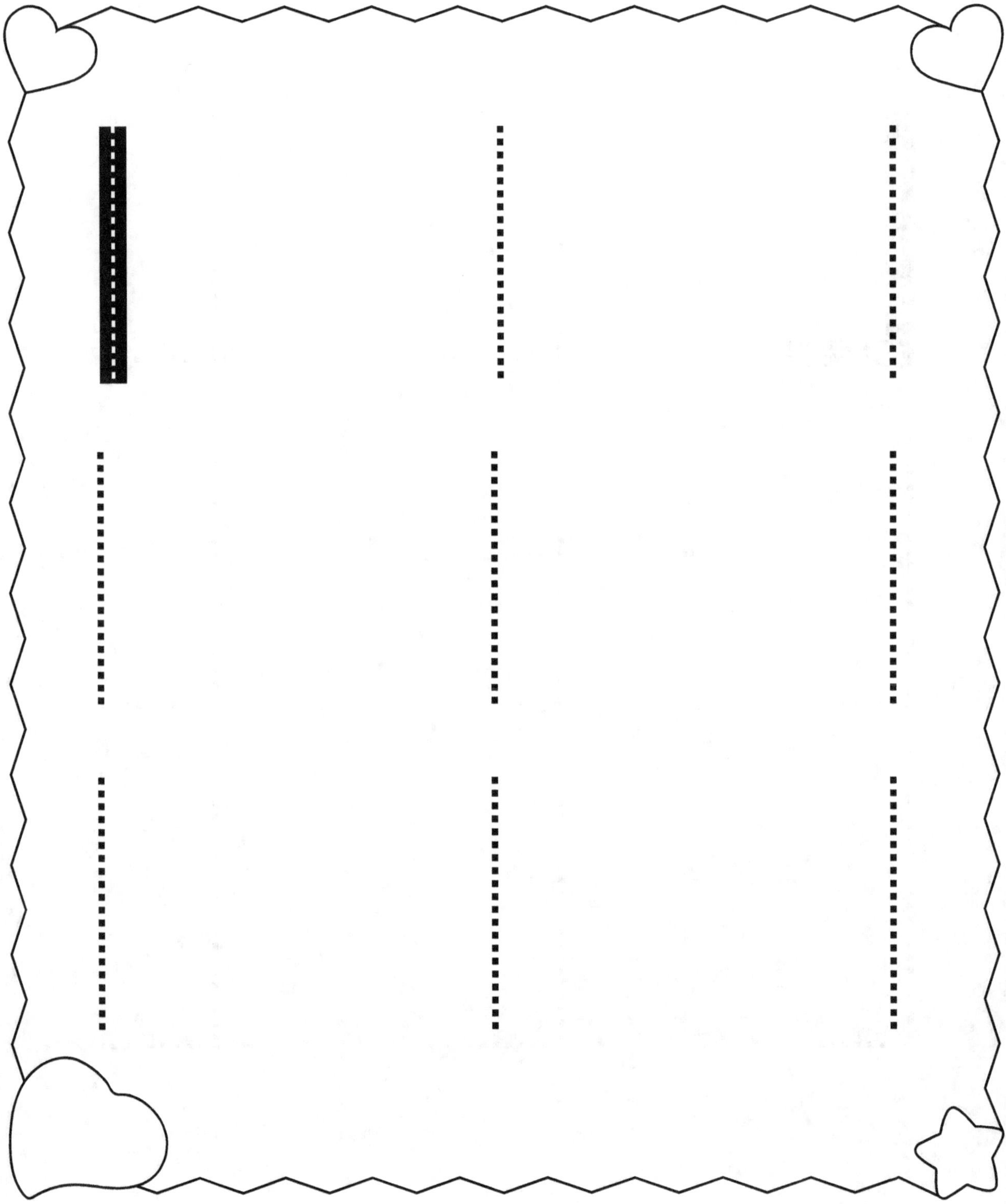

M M M

M M M

M M M

m m m

m m m

m m m

N N N

N N N

N N N

n n n

n n n

n n n

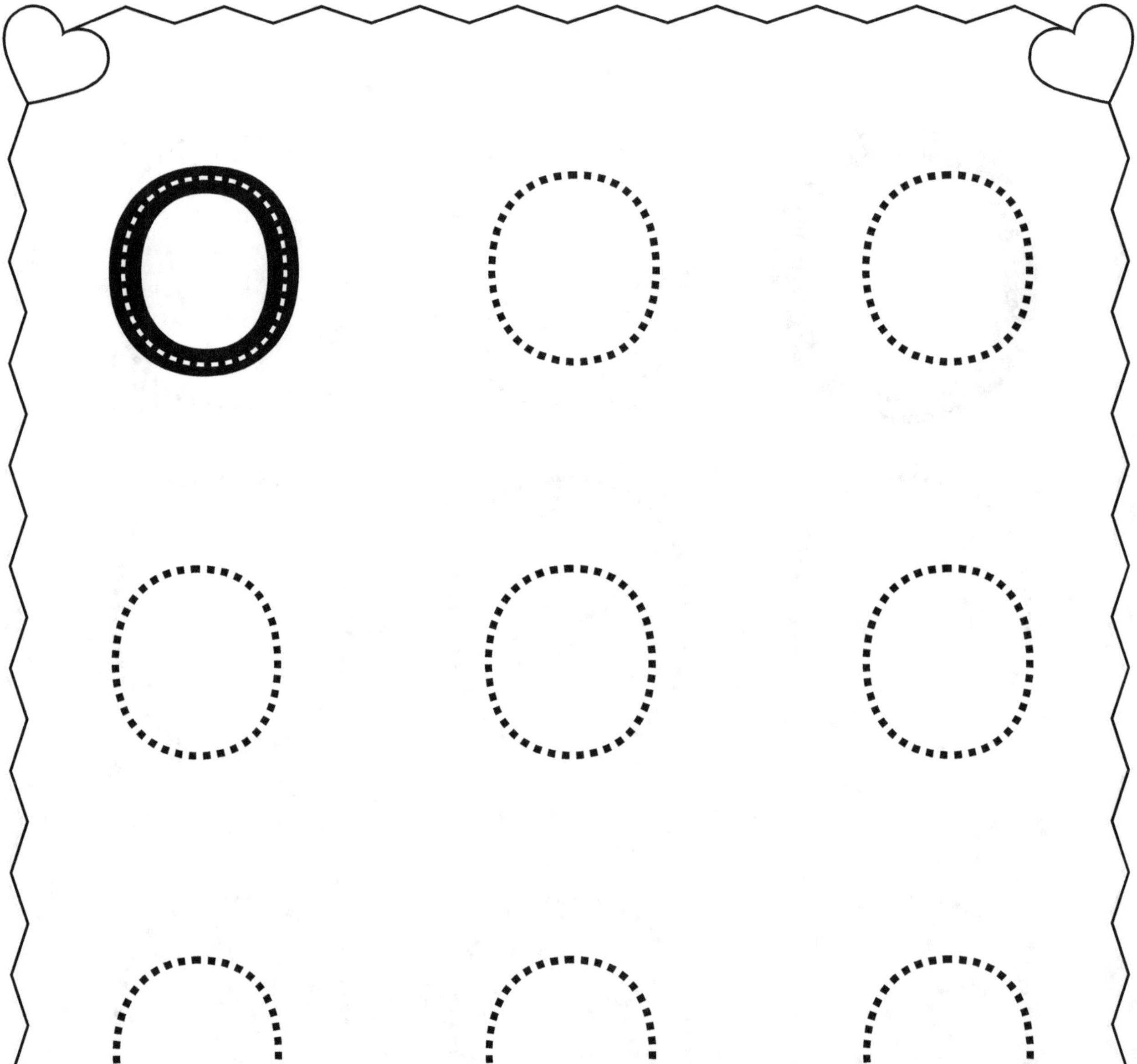
O

P P P

P P P

P P P

p p p

p p p

p p p

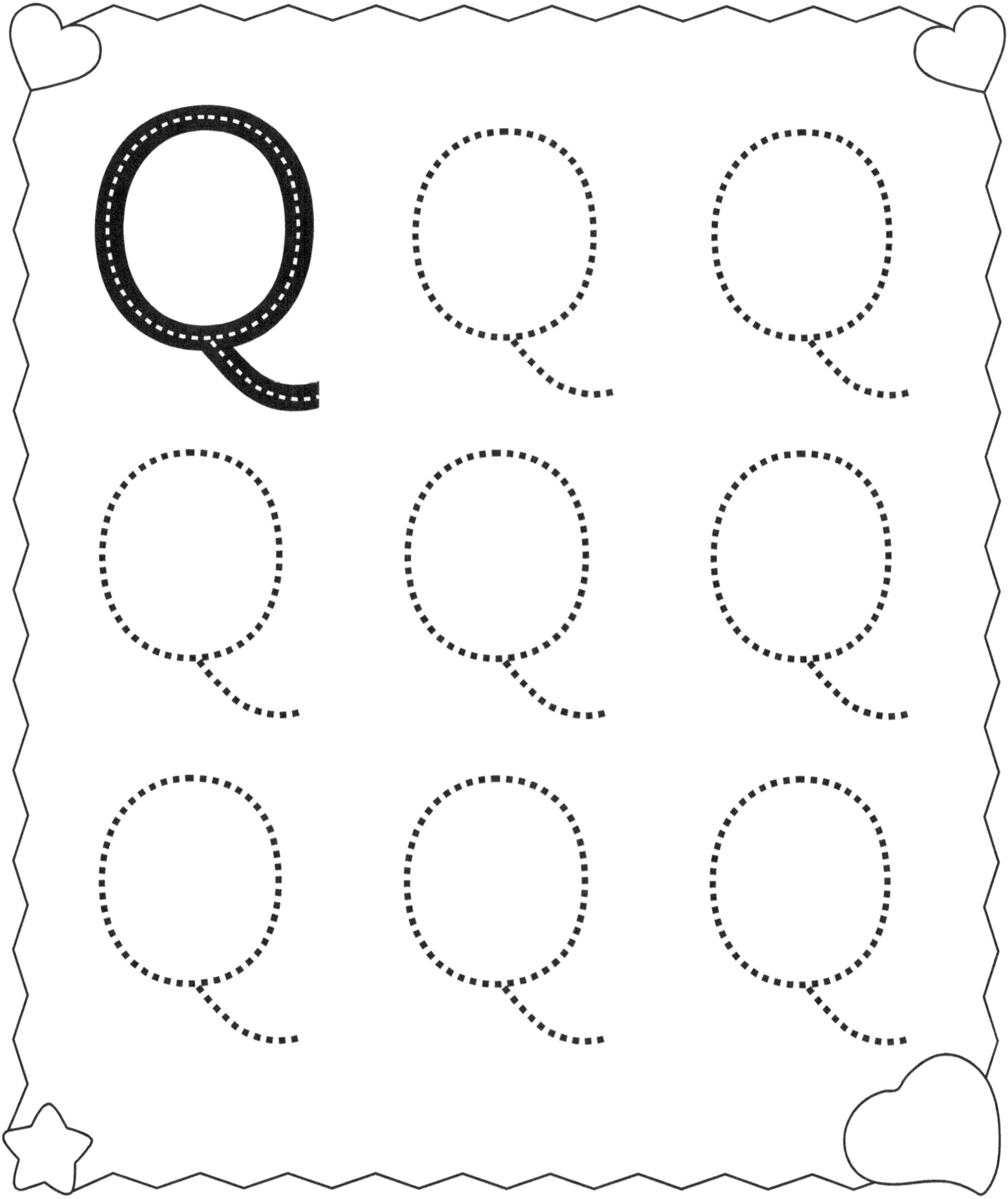
Q

q q q

q q q

q q q

R R R

R R R

R R R

r r r

r r r

r r r

S S S

S S S

S S S

S S S

S S S

S S S

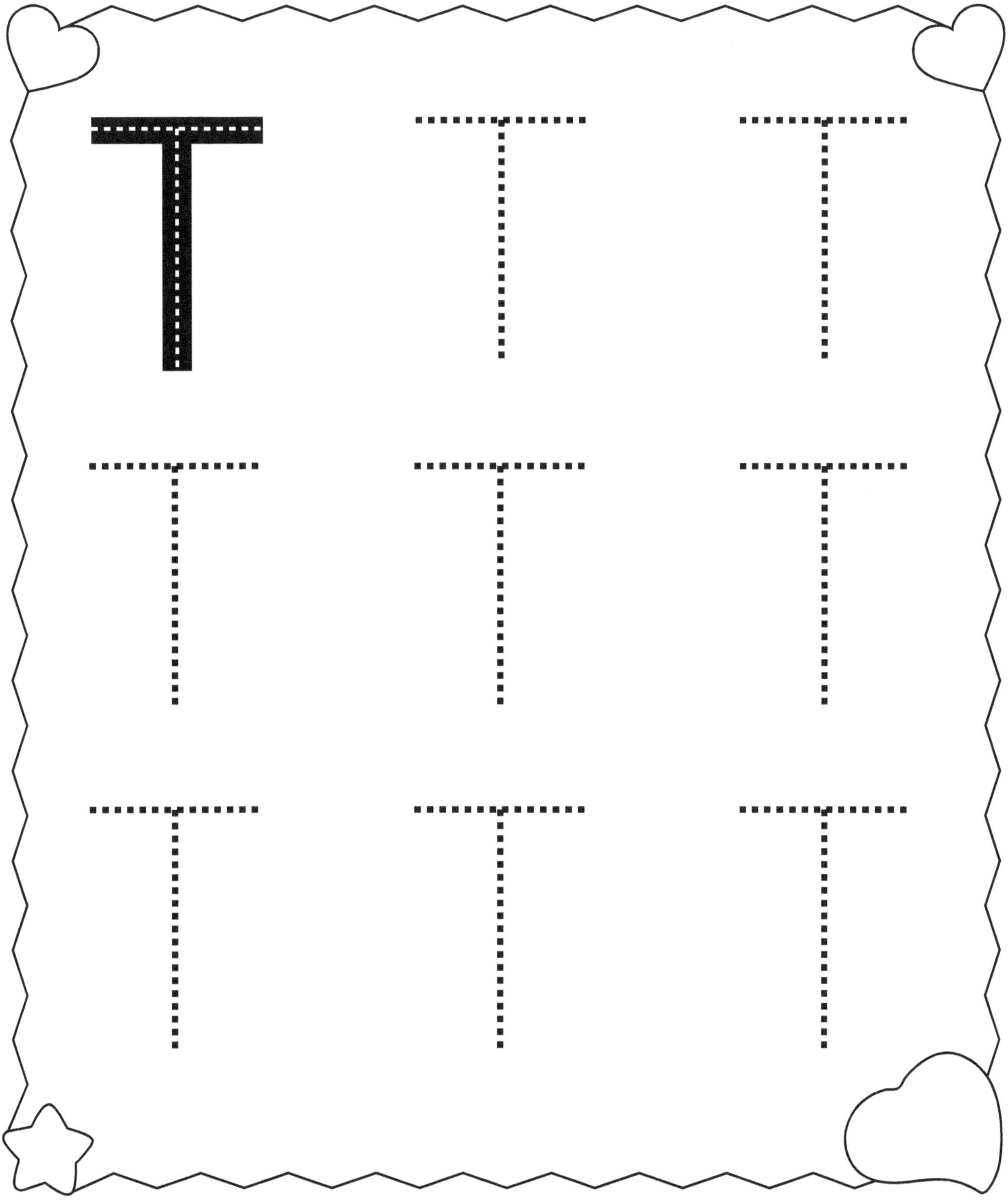
T
T T
T T T
T T T

t t t

t t t

t t t

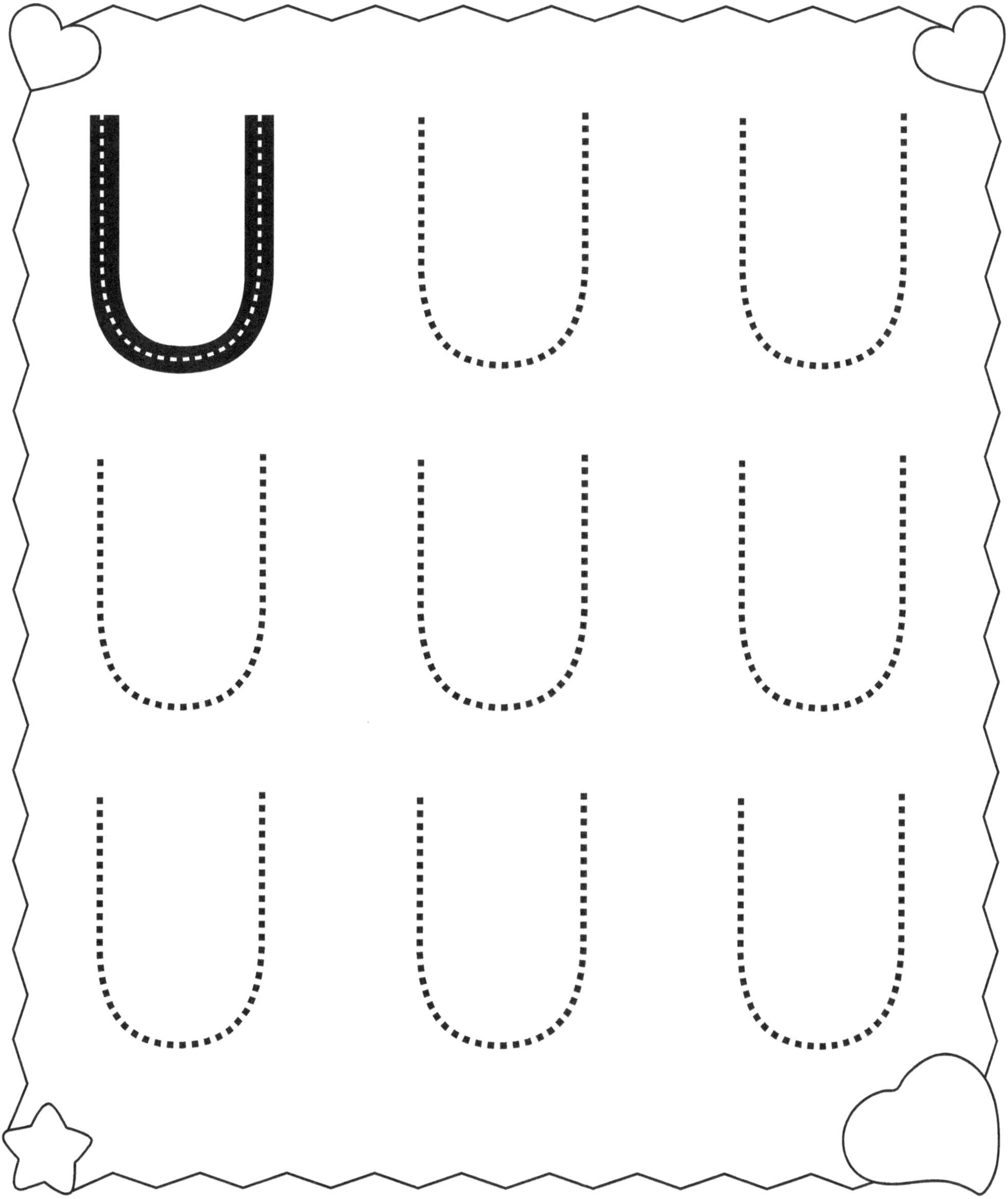
U

u u u

u u u

u u u

V V V

V V V

V V V

V V V

V V V

V V V

W W

W W

W W

w w

w w

w w

X

X X X

X X X

X X X

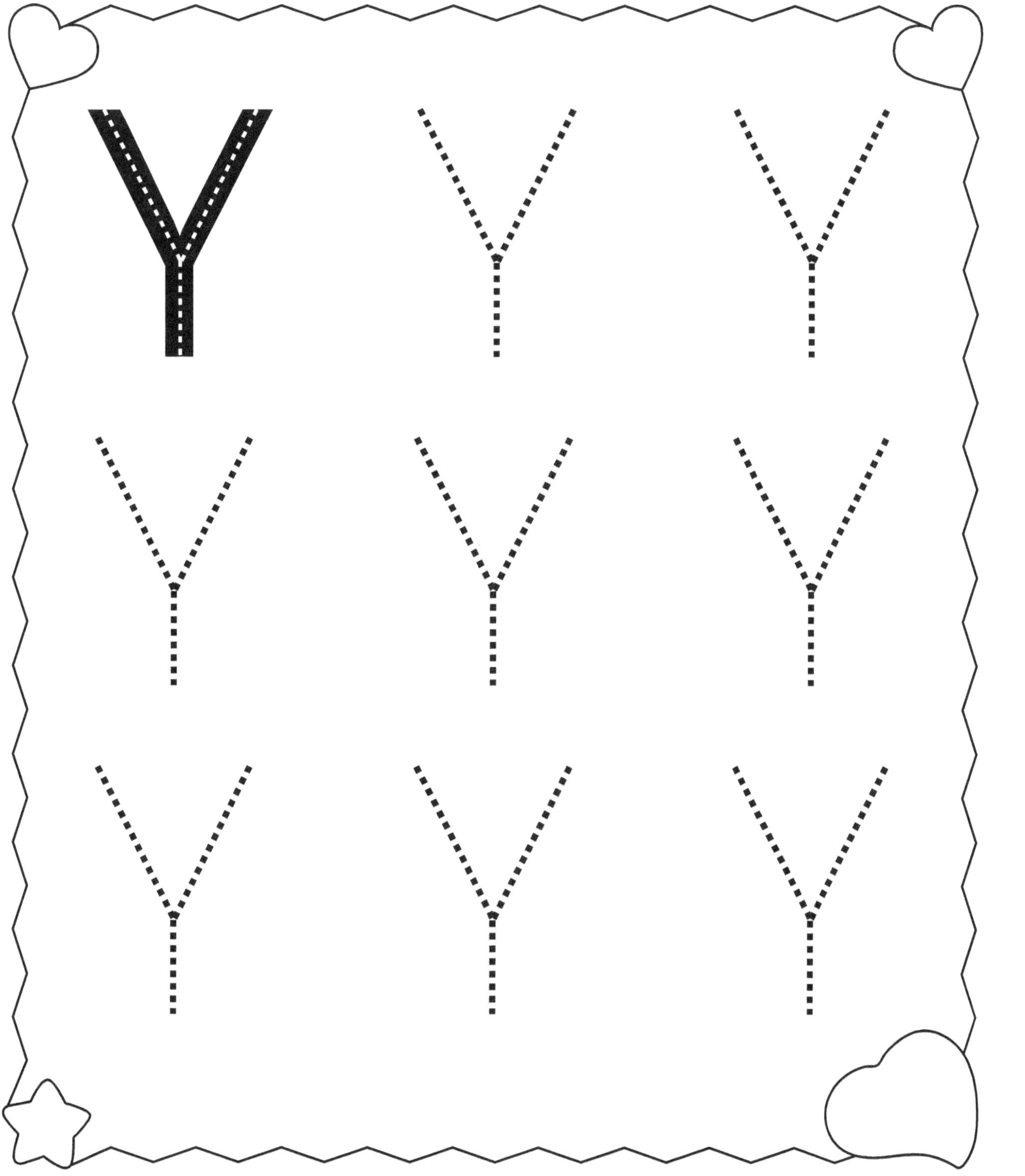
Y

y y y

y y y

y y y

Z Z Z

Z Z Z

Z Z Z

Z Z Z

Z Z Z

Z Z Z

www.ingramcontent.com/pod-product-compliance
Lightning Source LLC
Chambersburg PA
CBHW081625250726
48657CB00009B/2732
* 9 7 9 8 5 7 6 5 1 8 8 7 6 *